# Thomas Young

François Arago

1854

Édition : BoD • Books on Demand GmbH, In de Tarpen 42, 22848 Norderstedt (Allemagne)
Impression : Libri Plureos GmbH, Friedensallee 273, 22763 Hamburg (Allemagne)
ISBN : 978-2-3225-5421-8
Dépôt légal : Octobre 2024

# THOMAS YOUNG

BIOGRAPHIE LUE EN SÉANCE PUBLIQUE DE L'ACADÉMIE DES SCIENCES, LE 26 NOVEMBRE 1832.

---

Messieurs, la mort qui, sans relâche, éclaircit nos rangs semble diriger ses coups, avec une prédilection cruelle, contre la classe si peu nombreuse des associés étrangers. Dans un court espace de temps, l'Académie a vu disparaître de la liste de ses membres Herschel, dont les idées hardies sur la composition de l'univers acquièrent chaque année plus de probabilité ; Piazzi, qui, le premier jour de ce siècle, dota notre système solaire d'une nouvelle planète ; Watt, qui fut, sinon l'inventeur de la machine à vapeur, car cet inventeur est un Français, du moins le créateur de tant d'admirables combinaisons, à l'aide desquelles le petit appareil de Papin est devenu le plus ingénieux, le plus utile, le plus puissant véhicule de l'industrie ; Volta, que sa pile électrique conduira à l'immortalité ; Davy, également célèbre par la décomposition des alcalis et par l'inappréciable lampe de sûreté des mineurs ; Wollaston, que les Anglais appelaient le Pape, parce qu'il n'avait jamais failli ni dans ses nombreuses expériences ni dans ses subtiles spéculations théoriques ; Jenner, enfin, dont je puis me dispenser de qualifier la découverte devant des pères de famille. Payer à de si hautes illustrations le légitime tribut de regrets, d'admiration et de reconnaissance de tous les hommes voués à l'étude, est un des principaux devoirs imposés par l'Académie à ceux qu'elle investit du dangereux honneur de parler en son nom dans ces réunions solennelles. Acquitter cette dette sacrée dans le plus court délai possible ne semble pas une obligation moins impérieuse. En effet, Messieurs, l'académicien regnicole laisse toujours après lui, parmi les confrères que l'élection lui avait donnés, plusieurs confidents de ses plus secrètes pensées, de la filiation de ses découvertes, des vicissitudes qu'il a éprouvées. L'associé étranger, au contraire, réside loin de nous ; rarement il s'assied dans cette enceinte ; on ne sait rien de sa vie, de ses habitudes, de son caractère, si ce n'est par les récits de quelques voyageurs. Quand plusieurs années ont passé sur ces documents fugitifs, si vous en retrouvez encore des traces, ne comptez plus sur leur exactitude : les nouvelles littéraires, tant que la presse ne s'en est point saisie, sont une sorte de monnaie dont la circulation altère en même temps l'empreinte, le poids et le titre.

Ces réflexions feront concevoir comment les noms des Herschel, des Davy, des Volta, ont dû être prononcés dans nos séances avant ceux de plusieurs académiciens célèbres que la mort a frappés au milieu de nous. Au surplus, d'ici à peu d'instants, je l'espère, personne ne pourra nier que le savant universel dont je vais raconter la vie et analyser les travaux, n'eût des droits réels à quelque préférence.

5

Thomas Young naquit à Milverton, dans le comté de Somerset, le 13 juin 1773, de parents qui appartenaient à la secte des Quakers. Il passa ses premières années chez son grand-père maternel, M. Robert Davies, de Minehead, que d'actives affaires commerciales, par une rare exception, n'avaient pas détourné de la culture des auteurs classiques. Young savait déjà lire couramment à l'âge de deux ans. Sa mémoire était vraiment extraordinaire. Dans les intervalles des longues séances qu'il faisait chez la maîtresse d'école du village voisin de Minehead, il avait appris par cœur, à quatre ans, un grand nombre d'auteurs anglais, et même divers poëmes latins qu'il pouvait réciter d'un bout à l'autre, quoique alors il ne comprît pas cette langue. Le nom de Young, comme plusieurs autres noms célèbres déjà recueillis par les biographes, contribuera donc à nourrir les espérances ou les craintes de tant de bons pères de famille qui voient, dans quelques leçons récitées sans faute ou mal apprises, ici, les indices certains d'une éternelle médiocrité, là, le début infaillible d'une carrière glorieuse. Nous nous éloignerions étrangement de notre but si ces notices historiques devaient fortifier de tels préjugés. Aussi, sans vouloir affaiblir les émotions vives et pures qu'excitent chaque année les distributions de prix, nous rappellerons aux uns, afin qu'ils ne s'abandonnent pas à des rêves que l'avenir pourra ne point réaliser, aux autres, dans la vue de les prémunir contre le découragement, que Pic de la Mirandole, le phénix des écoliers de tous les temps et de tous les pays, fut dans l'âge mûr un auteur insignifiant ; que Newton, cette puissante intelligence dont Voltaire a pu dire sans faire crier à l'exagération :

Confidents du Très-Haut, substances éternelles,
Qui parez de vos feux, qui couvrez de vos ailes
Le trône où votre maître est assis parmi vous,
Parlez, du grand Newton n'étiez-vous point jaloux ?

que le grand Newton, disons-nous, fit, en termes de collége, de très-médiocres classes ; que l'étude n'avait d'abord pour lui aucun attrait ; que la première fois qu'il éprouva le besoin de travailler, ce fut pour conquérir la place d'un élève turbulent qui, assis, à cause de son rang, sur une banquette supérieure à la sienne, l'incommodait de ses coups de pied ; qu'à vingt-deux ans, il concourut pour un Fellowship de Cambridge, et fut vaincu par un certain Robert Uvedale, dont le nom, sans cette circonstance, serait aujourd'hui complètement oublié ; que Fontenelle, enfin, était plus ingénieux qu'exact, lorsqu'il appliquait à Newton ces paroles de Lucain : « Il n'a pas été donné aux hommes de voir le Nil faible et naissant. »

À l'âge de six ans, Young entra chez un professeur de Bristol dont la médiocrité fut pour lui une bonne fortune. Ceci n'est point un paradoxe, Messieurs : l'élève, ne pouvant se plier aux allures lentes et compassées du maître, devint son propre instituteur, et c'est ainsi que se développeront de brillantes qualités que trop de secours eussent certainement énervées.

Young avait huit ans, lorsque le hasard, dont le rôle, dans les événements de la vie de tous les hommes, est plus considérable que leur vanité ne juge prudent de l'avouer, vint l'enlever à des études exclusivement littéraires et lui révéler sa vocation. Un arpenteur de beaucoup de mérite, à côté duquel il demeurait, le prit en grande affection. Il l'emmenait quelquefois sur le terrain, les jours de fête, et lui permettait de jouer avec ses instruments de géodésie et de physique. Les opérations à l'aide desquelles le jeune écolier voyait déterminer les distances et les élévations des objets inaccessibles, frappaient vivement son imagination ; mais bientôt quelques chapitres d'un dictionnaire des mathématiques firent disparaître tout ce qu'elles semblaient avoir de mystérieux. À partir de ce moment, dans les promenades du dimanche, le quart de cercle remplaça le cerf-volant. Le soir, par voie de délassement, l'apprenti ingénieur calculait les hauteurs mesurées dans la matinée.

De neuf ans à quatorze, Young demeura à Compton, dans le comté de Dorset, chez un professeur Thomson, dont la mémoire lui fut toujours chère. Pendant ces cinq années, tous les élèves de la pension s'occupèrent exclusivement, suivant les habitudes des écoles anglaises, d'une étude minutieuse des principaux écrivains de la Grèce et de Rome. Young se maintint sans cesse au preimier rang de sa classe, et cependant il apprit, dans le même intervalle, le français, l'italien, l'hébreu, le persan et l'arabe ; le français et l'italien, par occasion, afin de satisfaire la curiosité d'un camarade qui avait en sa possession plusieurs ouvrages imprimés à Paris, dont il désirait savoir le contenu ; l'hébreu, pour lire la Bible dans l'original ; le persan et l'arabe, dans la vue de décider cette question qu'une conversation de réfectoire avait soulevée : Y a-t-il entre les langues orientales des différences aussi tranchées qu'entre les langues européennes ?

Je sens le besoin d'avertir que j'écris sur des documents authentiques, avant d'ajouter que pendant qu'il faisait de si fabuleux progrès dans les langues, Young, durant ses promenades autour de Compton, s'était pris d'une vive passion pour la botanique ; que, dépourvu des moyens de grossissement dont les naturalistes font usage quand ils veulent examiner les parties les plus délicates des plantes, il entreprit de construire lui-même un microscope, sans autre guide qu'une description de cet instrument donnée par Benjamin Martin ; que, pour arriver à ce difficile résultat, il dut acquérir d'abord beaucoup de dextérité dans l'art du tourneur ; que les formules algébriques de l'opticien lui ayant présenté des symboles dont il n'avait aucune idée (des symboles de *fluxions*), il fut un moment dans une grande perplexité ; mais que ne voulant pas, enfin, renoncer à grossir ses pistils et ses étamines, il trouva plus simple d'apprendre le calcul différentiel pour comprendre la malencontreuse formule, que d'envoyer à la ville voisine acheter un microscope.

La brûlante activité du jeune Young lui avait fait dépasser les bornes des forces humaines. À quatorze ans, sa santé fut grièvement altérée. Divers indices firent même craindre une maladie du poumon ; mais ces symptômes menaçants cédèrent aux prescriptions de l'art et aux soins empressés dont le malade fut l'objet de la part de tous ses parents.

Il est rare, chez nos voisins d'outre-mer, qu'une personne riche, en confiant son fils à un précepteur particulier, ne lui cherche pas un camarade d'étude parmi les jeunes gens du même âge qui déjà se sont fait remarquer par leurs succès. C'est à ce titre que Young devint, en 1787, le condisciple du petit-fils de M. David Barclay, de Youngsbury, dans le comté de Hertford. Le jour de son installation, M. Barclay, qui sans doute ne croyait pas avoir le droit de se montrer très-exigeant avec un écolier de quatorze ans, lui donna plusieurs phrases à copier, afin de s'assurer s'il avait une belle écriture. Young, peut-être humilié de ce genre d'épreuve, demanda, pour y satisfaire, la permission de se retirer dans une salle voisine. Son absence ayant duré plus longtemps que la transcription ne semblait devoir l'exiger, M. Barclay commençait à plaisanter sur le manque de dextérité du petit Quaker, lorsque enfin il rentra. La copie était remarquablement belle : un maître d'écriture n'aurait pas mieux fait. Quant au retard, il n'y eut plus moyen d'en parler, car le petit Quaker, comme l'appelait M. Barclay, ne s'était pas contenté de transcrire les phrases anglaises proposées il les avait encore traduites dans *neuf* langues différentes.

Le précepteur, ou, comme on dit sur l'autre rive de la Manche, le *Tutor*, qui devait diriger les deux écoliers de Youngsbury, était un jeune homme de beaucoup de distinction, alors tout occupé à se perfectionner dans la connaissance des langues anciennes ; c'était l'auteur futur de la *Calligraphia grœca*. Il ne tarda pas, cependant, à sentir l'immense supériorité de l'un de ses deux disciples, et il reconnaissait, avec la plus louable modestie, que, dans leurs communes études, le véritable *Tutor* n'était pas toujours celui qui en portait le titre.

À cette époque, Young rédigea, en recourant sans cesse aux sources originales, une analyse détaillée des nombreux systèmes de philosophie qui furent professés dans les différentes écoles de la Grèce. Ses amis parlent de cet ouvrage avec la plus vive admiration. Je ne sais si le public est destiné à jamais en jouir. En tout cas il n'aura pas été sans influence sur la vie de son auteur, car en se livrant à un examen attentif et minutieux des bizarreries (je me sers d'un terme poli) dont fourmillent les conceptions des philosophes grecs, Young sentit s'affaiblir l'attachement qu'il avait eu jusque-là pour les principes de la secte dans laquelle il était né. Toutefois il ne s'en sépara entièrement que quelques années après, pendant son séjour à Édimbourg.

La petite colonie studieuse de Youngsbury quittait pendant quelques mois d'hiver le comté de Hertford et allait habiter Londres. Durant l'un de ces voyages, Young rencontra un professeur digne de lui. Il fut initié à la chimie par le docteur Higgins, dont je puis d'autant moins me dispenser de prononcer ici le nom, que, malgré ses réclamations vives et nombreuses, on s'est obstiné à ne pas reconnaître la part qui lui revient légitimement dans la théorie des proportions définies, l'une des plus belles acquisitions de la chimie moderne.

Le docteur Broklesby, oncle maternel de Young, et l'un des médecins les plus répandus de Londres, justement fier des éclatants succès du jeune écolier, communiquait parfois ses compositions aux savants, aux littérateurs, aux hommes du monde, dont l'approbation pouvait le plus flatter sa vanité. Young se trouva ainsi, de très-bonne heure, en relation personnelle avec les célèbres Burke et Windham de la chambre des communes, et avec le duc de Richmond. Ce dernier, alors grand maître de l'artillerie, lui offrit la place de secrétaire assistant. Les deux autres hommes d'État, quoiqu'ils désirassent aussi l'attacher à la carrière administrative, lui recommandaient d'aller d'abord à Cambridge suivre un cours de droit. Avec d'aussi puissants patrons, Young pouvait compter sur un de ces emplois lucratifs dont les personnages en crédit ne sont jamais avares envers ceux qui les dispensent de toute étude, de toute application, et leur fournissent journellement les moyens de briller à la cour, au conseil, à la tribune, sans jamais compromettre leur vanité par quelque indiscrétion. Young avait, heureusement, la conscience de ses forces ; il sentait en lui le germe des brillantes découvertes qui depuis, ont illustré son nom ; il préféra la carrière laborieuse, mais indépendante, d'homme de lettres, aux chaînes dorées qu'on faisait briller à ses yeux. Honneur lui soit rendu ! Que son exemple serve de leçon à tant de jeunes gens que l'autorité détourne de leur noble vocation pour les transformer en bureaucrates ; que, semblables à Young, les yeux tournés vers l'avenir, ils ne sacrifient pas à la futile et d'ailleurs bien passagère satisfaction d'être entourés de solliciteurs, les témoignages d'estime et de reconnaissance dont le public manque rarement de payer les travaux intellectuels d'un ordre élevé ; et s'il arrivait que, dans les illusions de l'inexpérience, ils trouvassent qu'on leur prescrit un trop lourd sacrifice, nous leur demanderions de recevoir une leçon d'ambition de la bouche du grand capitaine dont l'ambition ne connut pas de bornes ; de méditer ces paroles que le premier Consul, que le vainqueur de Marengo, adressait à l'un de nos plus honorables collègues (M. Lemercier) le jour où celui-ci, fort coutumier du fait, venait de refuser une place alors très-importante, celle de conseiller d'État :

« J'entends, Monsieur. Vous aimez les lettres et vous voulez leur appartenir tout entier. Je n'ai rien à opposer à cette résolution. Oui ! moi-même, pensez-vous que si je n'étais pas devenu général en chef et l'instrument du sort d'un grand peuple, j'aurais couru les bureaux et les salons pour me mettre dans la dépendance de qui que ce fût, en qualité de ministre ou d'ambassadeur ? Non, non ! je me serais jeté dans l'étude des sciences exactes. J'aurais fait mon chemin dans la route des Galilée, des Newton. Et puisque j'ai réussi constamment dans mes grandes entreprises, eh bien, je me serais hautement distingué aussi par des travaux scientifiques. J'aurais laissé le souvenir de belles découvertes. Aucune autre gloire n'aurait pu tenter mon ambition ! »

Young fit choix de la carrière de la médecine, dans laquelle il espérait trouver la fortune et l'indépendance. Ses études médicales commencèrent à Londres sous Baillie et Cruickshank ; il les continua à Édimbourg, où brillaient alors les docteurs Black, Munro et Gregory ; mais ce fut seulement à Gœttingue que, dans l'année suivante (1795), il prit son grade de docteur. Avant de se soumettre à cette formalité si vaine, et, toutefois, si impérieusement exigée, Young, à peine sorti de l'adolescence, s'était déjà révélé au monde scientifique par une note relative à la gomme *Ladanum* ; par la polémique qu'il avait soutenue contre le docteur Beddoës au sujet de la théorie de Crawford sur le calorique ; par un mémoire concernant les habitudes des araignées et le système de Fabricius, le tout enrichi de recherches d'érudition ; enfin, par un travail sur lequel j'insisterai davantage à cause de son grand mérite, de la faveur inusitée dont il fut l'objet en naissant, et de l'oubli dans lequel on l'a laissé depuis.

La Société royale de Londres jouit, dans toute l'étendue des trois royaumes, d'une considération immense et méritée. Les *Transactions philosophiques* qu'elle publie, sont depuis plus d'un siècle et demi les glorieuses archives où le génie britannique tient à honneur de déposer ses titres à la reconnaissance de la postérité. Le désir de voir inscrire son nom dans la liste des collaborateurs de ce recueil vraiment national, à la suite des noms de Newton, de Bradley, de Priestley, de Cavendish, a toujours été parmi les étudiants des célèbres universités de Cambridge, d'Oxford, d'Édimbourg, de Dublin, le plus vif comme le plus légitime sujet d'émulation. Là, toutefois, est le dernier terme de l'ambition de l'homme de science ; il n'y aspire qu'à l'occasion de quelque travail capital, et les premiers essais de sa jeunesse arrivent au public par une voie mieux assortie à leur importance, à l'aide d'une de ces nombreuses *Revues* qui, chez nos voisins, ont tant contribué aux progrès des connaissances humaines. Tel est le cours ordinaire des choses ; telle, conséquemment, ne devait pas être la marche de Young. À vingt ans, il adresse un Mémoire à la Société royale ; le *Conseil*, composé de toutes les notabilités contemporaines, honore ce travail de son suffrage, et bientôt il paraît dans les Transactions. L'auteur y traitait de la vision.

Le problème n'était rien moins que neuf. Platon et ses disciples, quatre siècles avant notre ère, s'en occupaient déjà ; mais aujourd'hui leurs conceptions ne pourraient guère être citées que pour justifier cette célèbre et très-peu flatteuse sentence de Cicéron : « On ne saurait rien imaginer de si absurde qui n'ait trouvé quelque philosophe capable de le soutenir ! »

Après avoir traversé un intervalle de deux mille ans, il faut, de la Grèce, se transporter en Italie, quand on veut trouver sur l'admirable phénomène de la vision, des idées qui méritent un souvenir de l'historien. Là, sans avoir jamais, comme le philosophe d'Égine, interdit fastueusement leur école à tous ceux qui n'étaient pas géomètres, des expérimentateurs prudents jalonneront la seule route par laquelle il soit donné à l'homme d'arriver sans faux pas à la conquête de régions inconnues ; là, Maurolycus et Porta crieront à leurs contemporains que le problème de découvrir *ce qui est*, présente assez de difficultés pour qu'il soit au moins bien présomptueux de se jeter dans *le monde des intelligences* à la recherche de *ce qui doit être* ; là, ces deux célèbres compatriotes d'Archimède commenceront à dévoiler le rôle des divers milieux dont l'œil est composé, et se montreront résignés, comme le furent plus tard Galilée et Newton, à ne pas s'élever au-dessus des connaissances susceptibles d'être élaborées ou contrôlées par nos sens, et qu'on stigmatisait, sous les portiques de l'Académie, de la qualification dédaigneuse de *simple opinion*. Telle est, toutefois, la faiblesse humaine, qu'après avoir suivi, avec un rare bonheur, les principales inflexions de la lumière à travers la cornée et le cristallin, Maurolycus et Porta, près d'atteindre le but, s'arrêtent tout à coup, comme devant une insurmontable difficulté, dès qu'on oppose à leur théorie que les objets doivent paraître sens dessus dessous si les images dans l'œil sont elles-mêmes renversées. L'esprit aventureux de Kepler, au contraire, ne se laisse pas ébranler. C'est de la psychologie que part l'attaque, c'est par de la psychologie claire, précise, mathématique, qu'il renverse l'objection. Sous la main puissante de ce grand homme, l'œil devient, définitivement, le simple appareil d'optique connu sous le nom de chambre obscure : la rétine est le tableau, le cristallin remplace la lentille vitreuse.

Cette assimilation, généralement adoptée depuis Kepler, ne donnait prise qu'à une seule difficulté. La chambre obscure, comme une lunette ordinaire, *doit être mise au point*, suivant l'éloignement des objets. Quand ces objets se rapprochent, il est indispensable d'écarter le tableau de la lentille ; un mouvement contraire devient nécessaire si les objets s'éloignent. Conserver aux images toute la netteté désirable sans changer la position de la surface qui les reçoit, est donc impossible, à moins toutefois que la courbure de la lentille ne puisse varier : qu'elle s'accroisse quand on vise à des objets voisins, qu'elle diminue pour des objets éloignés.

Parmi ces divers modes d'obtenir des images distinctes, la nature a fait inévitablement un choix, car l'homme peut voir avec une grande netteté à des distances fort dissemblables. La question ainsi posée a été pour les physiciens un vaste sujet de recherches et de discussions ; de grands noms figurent dans ce débat.

Kepler, Descartes… soutiennent que l'ensemble du globe de l'œil est susceptible de s'allonger et de s'aplatir.

Poterfield, Zinn… veulent que la lentille cristalline soit mobile ; qu'au besoin elle puisse aller se placer plus ou moins loin de la rétine.

Jurin, Musschenbroeck… croient à un changement dans la courbure de la cornée.

Sauvages, Bourdelot… font aussi intervenir une variation de courbure, mais dans le cristallin seulement. Tel est aussi le système de Young. Deux mémoires dont notre confrère fit successivement hommage à la Société royale de Londres, en renferment le développement complet.

Dans le premier, la question n'est guère envisagée que sous le point de vue anatomique. Young y démontre, à l'aide d'observations directes et très-délicates, que le cristallin est doué d'une constitution fibreuse ou musculaire, admirablement adaptée à toutes sortes de changements de forme. Cette découverte renversait la seule objection solide qu'on eût, jusque-là, opposée à l'hypothèse de Sauvages, de Bourdelot, etc. À peine fut-elle publiée que Hunter la réclama. Le célèbre anatomiste servait ainsi les intérêts du jeune débutant, puisque son travail resté inédit n'avait été communiqué à personne. Au surplus ce point de la discussion perdit bientôt toute importance : un érudit montra, en effet, qu'armé de ses puissants microscopes, Leuwenhoeck suivait et dessinait déjà dans toutes leurs ramifications, les fibres musculaires du cristallin d'un poisson. Pour réveiller l'attention publique fatiguée de tant de débats, il ne fallait rien moins que la haute renommée des deux nouveaux membres de la Société royale qui entrèrent en lice. L'un, anatomiste consommé, l'autre, le plus célèbre artiste dont l'Angleterre puisse se glorifier, présentèrent à la Société royale un mémoire, fruit de leurs efforts combinés, et destiné à établir l'inaltérabilité complète de la forme du cristallin. Le monde savant aurait difficilement admis que sir Everard Home et Ramsden réunis eussent pu faire des expériences inexactes ; qu'ils se fussent trompés dans des mesures micrométriques. Young lui-même ne le crut point ; aussi n'hésita-t-il pas à renoncer publiquement à sa théorie. Cet empressement à se reconnaître vaincu, si rare dans un jeune homme de vingt-cinq ans, si rare surtout à l'occasion d'une première publication, était ici un acte de modestie sans exemple. Young, en effet, n'avait rien à rétracter. En 1800, après avoir retiré son désaveu, notre confrère développa de nouveau la théorie de la déformation du cristallin, dans un mémoire auquel, depuis, on n'a pas fait d'objection sérieuse.

Rien de plus simple que son argumentation ; rien de plus ingénieux que ses expériences. Young élimine d'abord l'hypothèse d'une variation de courbure dans la cornée, à l'aide d'observations microscopiques qui auraient rendu les plus petites variations appréciables. Disons mieux : il place l'œil dans des conditions particulières où les changements de courbure seraient sans nul effet ; il le plonge dans l'eau, et prouve qu'alors même la faculté de voir à diverses distances persiste en son entier.

La seconde des trois suppositions possibles, celle d'une altération dans les dimensions de l'organe, est ensuite renversée par un ensemble d'objections et d'expériences auxquelles il serait difficile de résister.

Le problème semblait irrévocablement résolu. Qui ne comprend, en effet, que si, de trois solutions possibles, deux sont écartées, la troisième devient nécessaire ; que le rayon de courbure de la cornée et le diamètre longitudinal de l'œil étant inaltérables, il faut bien que la forme du cristallin puisse varier ? Young, toutefois, ne s'arrête pas là ; il prouve directement, par de subtils phénomènes de déformation des images, que le cristallin change réellement de courbure ; il invente, ou du moins il perfectionne un instrument susceptible d'être employé par les personnes les moins intelligentes, les moins habituées à des expériences délicates, et, armé de ce nouveau moyen d'investigation, il s'assure que tous les hommes chez lesquels manque le cristallin à la suite de l'opération de la cataracte, ne jouissent plus de la faculté de voir *nettement* à différentes distances.

On peut véritablement s'étonner que cette admirable théorie de la vision, que ce réseau, si bien tissu, où le raisonnement et les plus ingénieuses expériences se prêtent sans cesse un mutuel appui, n'occupe pas encore dans la science le rang distingué qui lui appartient ; mais, pour expliquer cette anomalie, doit-on nécessairement recourir à une sorte de fatalité ? Young aurait-il donc été, comme lui-même le disait souvent avec dépit, une nouvelle Cassandre proclamant sans relâche d'importantes vérités que ses contemporains ingrats refusaient d'accueillir ? On serait moins poétique, et plus vrai ce me semble, en remarquant que les découvertes d'Young n'ont pas été connues de la plupart de ceux qui auraient pu les apprécier : les physiologistes ne lisent pas son beau mémoire, car il suppose plus de connaissances mathématiques qu'on n'en cultive ordinairement dans les facultés ; les physiciens l'ont dédaigné à leur tour, parce que, dans les cours oraux ou dans les ouvrages imprimés, le public ne demande plus guère aujourd'hui que ces notions superficielles dont un esprit vulgaire se pénètre sans aucune fatigue. Dans tout ceci, quoi qu'en ait pu croire notre illustre confrère, nous n'apercevons rien d'exceptionnel : comme tous ceux qui sondent les dernières profondeurs de la science, il a été méconnu de la foule ; mais les applaudissements de quelques hommes d'élite auraient dû le dédommager. En pareille matière, on ne doit pas compter les suffrages, il est plus sage de les peser.

La plus belle découverte du docteur Young, celle qui rendra son nom à jamais impérissable, lui fut suggérée par un objet en apparence bien futile ; par ces bulles d'eau savonneuse, si vivement colorées, si légères, qui, à peine échappées du chalumeau de l'écolier, deviennent le jouet des plus imperceptibles courants d'air. Devant un auditoire aussi éclairé, il serait sans doute superflu de remarquer que la difficulté de produire un phénomène, sa rareté, son utilité dans les arts, ne sont pas les indices nécessaires de l'importance qu'il doit avoir dans la science. J'ai donc pu rattacher à un jeu d'enfant la découverte que je vais analyser avec la certitude qu'elle ne souffrirait pas de cette origine. En tout cas, je n'aurais besoin de rappeler ni la pomme qui, se détachant de sa branche et tombant inopinément aux pieds de Newton, éveilla les idées de ce grand homme sur les lois simples et fécondes qui régissent les mouvements célestes ; ni la grenouille et le coup de bistouri, auxquels la physique a été récemment redevable de la merveilleuse pile de Volta. Sans articuler, en effet, le nom de bulles de savon, je supposerais qu'un physicien eût choisi pour sujet de ses expériences l'eau distillée, c'est-à-dire un liquide qui dans son état de pureté, ne se revêt de quelques légères nuances de bleu et de vert, à peine sensibles, qu'à travers de grandes épaisseurs. Je demanderais ensuite ce qu'on penserait de sa véracité s'il venait, sans autre explication, annoncer que, cette eau si limpide, il peut à volonté lui communiquer les couleurs les plus resplendissantes ; qu'il sait la rendre violette, bleue, verte ; qu'il sait la rendre jaune comme l'écorce du citron, rouge comme l'écarlate, sans pour cela altérer sa pureté, sans la mêler à aucune substance étrangère, sans changer les proportions de ses principes constituants gazeux. Le public ne regarderait-il pas notre physicien comme indigne de toute croyance, lorsque après d'aussi étranges propositions, il ajouterait que, pour engendrer la couleur dans l'eau, il suffit de l'amener à l'état d'une véritable pellicule ; que *mince* est, pour ainsi dire, synonyme de *coloré* ; que le passage de chaque teinte à la teinte la plus différente est la suite nécessaire d'une simple variation d'épaisseur de la lame liquide ; que cette variation, dans le passage du rouge au vert, par exemple n'est pas la millième partie de l'épaisseur d'un cheveu ! Eh bien, ces incroyables théorèmes ne sont, cependant, que les conséquences inévitables des accidents de coloration présentés par les bulles liquides soufflées, et même par les lames minces de toutes sortes de corps.

Pour comprendre comment de tels phénomènes ont, pendant plus de vingt siècles, journellement frappé les yeux des physiciens sans exciter leur attention, on a vraiment besoin de se rappeler à combien peu de personnes la nature départit la précieuse faculté de s'étonner à propos.

Boyle pénétra le premier dans cette mine féconde. Il se borna, toutefois, à la description minutieuse des circonstances variées qui donnent naissance aux iris. Hooke, son collaborateur, alla plus loin. Il crut trouver la cause de ce genre de couleurs dans les entre-croisements des rayons, ou, pour parler son propre langage, dans les entre-croisements *des ondes* réfléchies par les deux surfaces de la lame mince. C'était, comme on verra, un trait de génie ; mais il ne pouvait être saisi à une époque où la nature complexe de la lumière blanche était encore ignorée.

Newton fit des couleurs des lames minces l'objet de son étude de prédilection. Il leur consacra un livre tout entier de son célèbre traité d'optique ; il établit les lois de leur formation par un enchaînement admirable d'expériences que personne n'a surpassé depuis. En éclairant avec de la lumière homogène les iris si réguliers dont Hooke avait déjà fait mention, et qui naissent autour du point de contact de deux verres lenticulaires superposés, il prouva que, pour chaque espèce de couleur simple, il existe dans les lames minces de toute nature une série d'épaisseurs croissantes où aucune lumière ne se réfléchit. Ce résultat était capital : il renfermait la clef de tous ces phénomènes.

Newton fut moins heureux dans les vues théoriques que cette remarquable observation lui suggéra. Dire, avec lui, du rayon lumineux qui se réfléchit, qu'il est *dans un accès* de facile réflexion ; dire du rayon qui traverse la lame tout entier, qu'il est *dans un accès* de facile transmission, qu'est-ce donc autre chose qu'énoncer en termes obscurs ce que l'expérience des deux lentilles nous avait appris ?

La théorie de Thomas Young échappe à cette critique. Ici on n'admet plus d'accès d'aucune espèce comme propriété primordiale des rayons. La lame mince se trouve d'ailleurs assimilée, sous tous les rapports, à un miroir épais de la même substance. Si, dans certains de ces points, aucune lumière ne se voit, Young n'en conclut pas que la réflexion y ait cessé : il suppose que dans les directions spéciales de ces points les rayons réfléchis par la seconde face, allant à la rencontre des rayons réfléchis par la première, *les anéantissent complétement*. C'est ce conflit que l'auteur a désigné par le nom maintenant si fameux d'*interférence*.

Voilà, sans contredit, la plus étrange des hypothèses ! On devait certainement se montrer très-surpris de trouver la nuit en plein soleil, dans des points où des rayons de cet astre arrivaient librement ; mais qui se fût imaginé qu'on en viendrait à supposer que l'obscurité pouvait être engendrée en ajoutant de la lumière à de la lumière !

Un physicien est justement glorieux quand il peut annoncer quelque résultat qui choque à ce degré-là les idées communes ; mais il doit, sans retard, l'étayer de preuves démonstratives, sous peine d'être assimilé à ces écrivains orientaux dont les fantasques rêveries charmèrent mille et une nuits du sultan *Schahriar*.

Young n'eut pas cette prudence. Il montra d'abord que sa théorie pouvait s'adapter aux phénomènes, mais sans aller au delà des possibilités. Lorsque, plus tard, il arriva aux preuves véritables, le public avait des préventions et il ne put pas les vaincre. Cependant, l'expérience dont notre confrère faisait alors surgir sa mémorable découverte ne saurait exciter l'ombre d'un doute.

Deux rayons provenant d'une même source allaient, par des routes légèrement inégales, se croiser en un certain point de l'espace. Dans ce point, on plaçait une feuille de beau papier. Chaque rayon, pris isolément, la faisait briller du plus vif éclat ; mais quand les deux rayons se réunissaient, quand ils arrivaient simultanément sur la feuille, toute clarté disparaissait : la nuit la plus complète succédait au jour.

Deux rayons ne s'anéantissent pas toujours complètement dans le point de leur intersection. Quelquefois on n'y observe qu'un affaiblissement partiel ; quelquefois aussi les rayons s'ajoutent. Tout dépend de la différence de longueur des chemins qu'ils ont parcourus, et cela suivant des lois très-simples dont la découverte, dans tous les temps, eût suffi pour immortaliser un physicien.

Les différences de route qui amènent entre les rayons, des conflits accompagnés de leur destruction entière, n'ont pas la même valeur pour des lumières diversement colorées. Lorsque deux rayons blancs se croisent, il est donc possible que l'un de leurs principes constituants, le rouge, par exemple, se trouve seul dans des conditions de destruction. Mais le blanc moins le rouge, c'est du vert ! Ainsi l'interférence lumineuse se manifeste alors par des phénomènes de coloration ; ainsi, les diverses couleurs élémentaires sont mises en évidence, sans qu'aucun prisme les ait séparées. Qu'on veuille bien, maintenant, remarquer qu'il n'existe pas un seul point de l'espace où mille rayons de même origine n'aillent se croiser après des réflexions plus ou moins obliques, et l'on apercevra, d'un coup d'œil, toute l'étendue de la région inexplorée que les interférences ouvraient aux investigations des physiciens.

Lorsque Young publia cette théorie, beaucoup de phénomènes de couleurs périodiques s'étaient déjà offerts aux observateurs ; on doit ajouter qu'ils avaient résisté à toute explication. Dans le nombre, on peut citer les anneaux qui se forment par voie de réflexion, non plus sur de minces pellicules, mais sur des miroirs de verre épais légèrement courbes ; les bandes irisées de diverses largeurs dont les ombres des corps sont bordées en dehors et parfois couvertes intérieurement, que Grimaldi aperçut le premier, qui plus tard exercèrent inutilement le génie de Newton, et dont la théorie complète était réservée à Fresnel ; les arcs colorés rouges et verts qu'on aperçoit en nombre plus ou moins considérable immédiatement au-dessous des sept nuances prismatiques de l'arc-en-ciel principal, et qui semblaient si complétement inexplicables, qu'on avait fini par n'en plus faire mention dans les traités de physique ; ces couronnes, enfin, aux couleurs tranchées, aux diamètres perpétuellement variables, qui souvent paraissent entourer le soleil et la lune.

Si je me rappelle combien de personnes n'apprécient les théories scientifiques qu'à raison des applications immédiates qu'elles peuvent offrir, je ne saurais terminer cette énumération de phénomènes que caractérisent des séries plus ou moins nombreuses de couleurs périodiques, sans mentionner les anneaux si remarquables par la régularité de leur forme et par la pureté de leur éclat, dont toute lumière un peu vive paraît entourée quand on l'examine au travers d'un amas de molécules ou de filaments d'égales dimensions. Ces anneaux, en effet, suggérèrent à Young l'idée d'un instrument extrêmement simple qu'il appela un *ériomètre*, et avec lequel on mesure sans difficulté les dimensions des plus petits corps. L'ériomètre, encore si peu connu des observateurs, a sur le microscope l'immense avantage de donner d'un seul coup *la grandeur moyenne* des millions de particules qui se trouvent comprises dans le champ de la vision. Il possède, de plus, la propriété singulière de rester muet lorsque les particules diffèrent trop entre elles, ou, en d'autres termes, lorsque la question de déterminer leurs dimensions n'a véritablement aucun sens.

Young appliqua son ériomètre à la mesure des globules du sang de différentes classes d'animaux ; à celle des poussières que diverses espèces végétales fournissent ; à la mesure de la finesse des fourrures employées dans les manufactures de tissus, depuis celle du castor, la plus précieuse de toutes, jusqu'aux toisons des troupeaux communs du comté de Sussex, qui, placés à l'autre extrémité de l'échelle, se composent de filaments quatre fois et demie aussi gros que les poils de castor.

Avant Young, les nombreux phénomènes de coloration que je viens d'indiquer étaient non-seulement inexpliqués, mais rien ne les liait entre eux. Newton, qui s'en occupa si longtemps, n'avait, par exemple, aperçu aucune connexité entre les iris des lames minces et les bandes de la diffraction. Young amena ces deux espèces de stries colorées à n'être que des effets d'interférence. Plus tard, quand la polarisation chromatique eut été découverte, il puisa dans quelques mesures d'épaisseur des analogies numériques remarquables, très-propres à faire présumer que, tôt ou tard, ce genre bizarre de polarisation se rattacherait à sa doctrine. Il y avait là, toutefois, on doit l'avouer, une immense lacune à remplir. D'importantes propriétés de la lumière alors complétement ignorées ne permettaient pas de concevoir tout ce que, dans certains cristaux et dans certaines natures de coupes, la double réfraction engendre de singularités par les destructions de lumière qui résultent des entre-croisements de faisceaux ; mais c'est à Young qu'appartient l'honneur d'avoir ouvert la carrière ; c'est lui qui, le premier, a commencé à débrouiller ces hiéroglyphes de l'optique.

HIÉROGLYPHES ÉGYPTIENS. — HISTOIRE DE LA PREMIÈRE INTERPRÉTATION EXACTE QUI EN AIT ÉTÉ DONNÉE.

Le mot d'hiéroglyphe envisagé, non plus métaphoriquement, mais dans son acception naturelle, nous transporte sur un terrain qui a déjà été le théâtre de débats nombreux et bien animés. J'ai hésité un moment à affronter les passions que cette question a soulevées. Le secrétaire d'une académie exclusivement occupée des sciences exactes, pourrait, en effet, sans nulle inconvenance, renvoyer ce procès philologique à des juges plus compétents. Je craignais, d'ailleurs, je l'avouerai, de me trouver en désaccord, sur plusieurs points importants, avec le savant illustre dont il m'a été si doux d'analyser les travaux sans qu'un seul mot de critique ait dû, jusqu'ici, venir se placer sous ma plume. Tous ces scrupules se sont évanouis lorsque j'ai réfléchi que l'interprétation des hiéroglyphes égyptiens est l'une des plus belles découvertes de notre siècle ; que Young a lui-même mêlé mon nom aux discussions dont elle a été l'objet ; qu'examiner, enfin, si la France peut prétendre à ce nouveau titre de gloire, c'est agrandir la mission que je remplis en ce moment, c'est faire acte de bon citoyen. Je sais d'avance tout ce qu'on trouvera d'étroit dans ces sentiments ; je n'ignore pas que le cosmopolitisme a son bon côté, mais, en vérité, de quel nom ne pourrais-je pas le stigmatiser, si, lorsque toutes les nations voisines énumèrent avec bonheur les découvertes de leurs enfants, il m'était interdit de chercher dans cette enceinte même, parmi des confrères dont je ne me permettrai pas de blesser la modestie, la preuve que la France n'est pas dégénérée ; qu'elle, aussi, apporte chaque année son glorieux contingent dans le vaste dépôt des connaissances humaines[1].

J'aborde donc la question de l'écriture égyptienne ; je l'aborde, libre de toute préoccupation ; avec la ferme volonté d'être juste, avec le vif désir de concilier les prétentions rivales des deux savants dont la mort prématurée a été pour l'Europe entière un si légitime sujet de regrets. Au reste, je ne dépasserai pas dans cette discussion sur les hiéroglyphes, les bornes qui me sont tracées ; heureux si l'auditoire qui m'écoute, et dont je réclame l'indulgence, trouve que j'ai su échapper à l'influence d'un sujet dont l'obscurité est devenue proverbiale !

Les hommes ont imaginé deux systèmes d'écriture entièrement distincts. L'un est employé chez les Chinois : c'est le système hiéroglyphique ; le second, en usage actuellement chez tous les autres peuples, porte le nom de système alphabétique ou phonétique.

Les Chinois n'ont pas de lettres proprement dites. Les caractères dont ils se servent pour écrire, sont de véritables hiéroglyphes : ils représentent non des sons, non des articulations, mais des idées. Ainsi *maison* s'exprime à l'aide d'un caractère unique et spécial, qui ne changerait pas, quand même tous les Chinois arriveraient à désigner une maison, dans la langue parlée, par un mot totalement différent de celui qu'ils prononcent aujourd'hui. Ce résultat vous surprend-il ? Songez à nos chiffres, qui sont aussi des hiéroglyphes. L'idée de l'unité ajoutée sept fois à elle-même s'exprime partout, en France, en Angleterre, en Espagne, etc., à l'aide de deux ronds superposés verticalement et se touchant par un seul point ; mais en voyant ce signe idéographique (8), le Français prononce *huit* ; l'Anglais *eight* ; l'Espagnol *ocho*. Personne n'ignore qu'il en est de même des nombres composés. Ainsi, pour le dire en passant, si les signes idéographiques chinois étaient généralement adoptés, comme le sont les chiffres arabes, chacun lirait dans sa propre langue les ouvrages qu'on lui présenterait, sans avoir besoin de connaître un seul mot de la langue parlée par les auteurs qui les auraient écrits.

Il n'en est pas ainsi des écritures alphabétiques :

*Celui de qui* nous vient cet art ingénieux
De peindre la parole et de parler aux yeux,

ayant fait la remarque capitale, que tous les mots de la langue parlée la plus riche se composent d'un nombre très-borné de sons ou articulations élémentaires, inventa des signes ou lettres, au nombre de vingt-quatre ou trente, pour les représenter. À l'aide de ces signes, diversement combinés, il pouvait écrire toute parole qui venait frapper son oreille, même sans en connaître la signification.

L'écriture chinoise ou hiéroglyphique semble l'enfance de l'art. Ce n'est pas, toutefois, ainsi qu'on le disait jadis, que pour apprendre à la lire, il faille, en Chine même, la longue vie d'un mandarin studieux. Rémusat, dont je ne puis prononcer le nom sans rappeler l'une des pertes les plus cruelles que les lettres aient faites depuis longtemps, n'avait-il pas établi, soit par sa propre expérience, soit par les excellents élèves qu'il formait tous les ans dans ses cours, qu'on apprend le chinois comme toute autre langue. Ce n'est pas non plus, ainsi qu'on l'imagine au premier abord, que les caractères hiéroglyphiques se prêtent seulement à l'expression des idées communes : quelques pages du roman *Yu-kiao-li*, ou les *Deux Cousines*, suffiraient pour montrer que les abstractions les plus subtiles, les plus quintessenciées, n'échappent pas à l'écriture chinoise. Le principal défaut de cette écriture serait de ne donner aucun moyen d'exprimer des noms nouveaux. Un lettré de Canton aurait pu mander par écrit à Pékin, que le 14 juin 1800, la plus mémorable bataille sauva la France d'un grand péril ; mais il n'aurait su comment apprendre à son correspondant, en caractères purement hiéroglyphiques, que la plaine où se passa ce glorieux événement était près du village de *Marengo*, et que le général victorieux s'appelait *Bonaparte*. Un peuple chez lequel la communication de noms propres, de ville à ville, ne pourrait avoir lieu que par l'envoi de messagers, en serait, comme on voit, aux premiers rudiments de la civilisation ; aussi tel n'est pas le cas du peuple chinois. Les caractères hiéroglyphiques constituent bien la masse de leur écriture ; mais quelquefois, et surtout quand il faut écrire un nom propre, on les dépouille de leur signification idéographique, pour les réduire à n'exprimer que des sons et des articulations, pour en faire de véritables lettres.

Ces prémisses ne sont pas un hors-d'œuvre. Les questions de priorité que les méthodes graphiques de l'Égypte, ont soulevées vont être maintenant faciles à expliquer et à comprendre. Nous allons, en effet, trouver dans les hiéroglyphes de l'antique peuple des Pharaons tous les artifices dont les Chinois font usage aujourd'hui.

Plusieurs passages d'Hérodote, de Diodore de Sicile, de saint Clément d'Alexandrie, ont fait connaître que les Égyptiens se servaient de deux ou trois sortes d'écritures, et que dans l'une d'elles, au moins, les caractères symboliques ou représentatifs d'idées jouent un grand rôle. Horapollon nous a même conservé la signification d'un certain nombre de ces caractères ; ainsi, l'on sait que l'*épervier* désignait l'*âme* ; l'*ibis*, le *cœur* ; la *colombe* (ce qui pourra paraître assez étrange), un *homme violent* ; la *flûte*, l'*homme aliéné* ; le nombre *seize*, la *volupté* ; une *grenouille*, l'*homme imprudent* ; la *fourmi*, le *savoir* ; un *nœud coulant*, l'*amour* ; etc., etc.

Les signes ainsi conservés par Horapollon ne formaient qu'une très-petite partie des huit à neuf cents caractères qu'on avait remarqués dans les inscriptions monumentales. Les modernes, Kircher entre autres, essayèrent d'en accroître le nombre. Leurs efforts ne donnèrent aucun résultat utile, si ce n'est de montrer à quels écarts s'exposent les hommes les plus instruits, lorsque, dans la recherche des faits, ils s'abandonnent sans frein à leur imagination. Faute de données, l'interprétation des écritures égyptiennes paraissait depuis longtemps à tous les bons esprits un problème complétement insoluble, lorsqu'en 1799, M. Boussard, officier du génie, découvrit, dans les fouilles qu'il faisait opérer près de Rosette, une large pierre couverte de trois séries de caractères parfaitement distincts, Une de ces séries était du grec. Celle-là, malgré quelques mutilations, fit clairement connaître que les auteurs du monument avaient ordonné que la *même inscription* s'y trouvât tracée en trois sortes de caractères, savoir, en caractères sacrés ou hiéroglyphiques égyptiens, en caractères locaux ou usuels, et en lettres grecques : ainsi, par un bonheur inespéré, les philologues se trouvaient en possession d'un texte grec ayant en regard sa *traduction* en langue égyptienne, ou, tout au moins, une transcription avec les deux sortes de caractères anciennement en usage sur les bords du Nil.

Cette pierre de Rosette, devenue depuis si célèbre, et dont M. Boussard avait fait hommage à l'Institut du Caire, fut enlevée à ce corps savant à l'époque où l'armée française évacua l'Égypte. On la voit maintenant au musée de Londres, où elle figure, dit Thomas Young, comme un monument de la valeur britannique. Toute valeur à part, le célèbre physicien eût pu ajouter, sans trop de partialité, que cet inappréciable monument bilingue témoignait aussi quelque peu des vues avancées qui avaient présidé à tous les détails de la mémorable expédition d'Égypte, comme aussi du zèle infatigable des savants illustres dont les travaux, exécutés souvent sous le feu de la mitraille, ont tant ajouté à la gloire de leur patrie. L'importance de l'inscription de Rosette les frappa, en effet, si vivement, que, pour ne pas abandonner ce précieux trésor aux chances aventureuses d'un voyage maritime, ils s'attachèrent à l'envi, dès l'origine, à le reproduire, par de simples dessins, par des contre-épreuves obtenues à l'aide des procédés de l'imprimerie en taille-douce, enfin, par des moulages en plâtre ou en soufre. Il faut même ajouter que les antiquaires de tous les pays ont connu pour la première fois la pierre de Rosette à l'aide des dessins des savants français.

Un des plus illustres membres de l'Institut, M. Silvestre de Sacy, entra le premier, dès l'année 1802, dans la carrière que l'inscription bilingue ouvrait aux investigations des philologues. Il ne s'occupa toutefois que du texte égyptien en caractères usuels. Il y découvrit les groupes qui représentent différents noms propres et leur nature phonétique. Ainsi, dans l'une des deux écritures, au moins, les Égyptiens avaient des signes de sons, de véritables lettres. Cet important résultat ne trouva plus de contradicteurs, lorsqu'un savant suédois, M. Akerblad, perfectionnant le travail de notre compatriote, eut assigné, avec une probabilité voisine de la certitude, la valeur phonétique individuelle des divers caractères employés dans la transcription des noms propres que faisait connaître le texte grec.

Restait toujours la partie de l'inscription purement hiéroglyphique ou supposée telle. Celle-là était demeurée intacte ; personne n'avait osé entreprendre de la déchiffrer.

C'est ici que nous verrons Thomas Young déclarer d'abord, comme par une sorte d'inspiration, que dans la multitude des signes sculptés sur la pierre et représentant, soit des animaux entiers, soit des êtres fantastiques, soit encore des instruments et des produits des arts ou des formes géométriques, ceux de ces signes qui se trouvent renfermés dans des encadrements elliptiques correspondent aux noms propres de l'inscription grecque : en particulier, au nom de Ptolémée, le seul qui dans la transcription hiéroglyphique soit resté intact. Immédiatement après, Young dira que dans le cas spécial de l'encadrement ou cartouche, les signes ne représentent plus des idées, mais des sons ; enfin, il cherchera, par une analyse minutieuse et très-délicate, à assigner un hiéroglyphe individuel à chacun des sons que l'oreille entend dans le nom de Ptolémée de la pierre de Rosette, et dans celui de Bérénice d'un autre monument.

Voilà, si je ne me trompe, dans les recherches de Young sur les systèmes graphiques des Égyptiens, les trois points culminants, Personne, a-t-on dit, ne les avait aperçus, ou du moins ne les avait signalés, avant le physicien anglais. Cette opinion, quoique généralement admise, me paraît contestable. Il est, en effet, certain que, dès l'année 1766, M. de Guignes, dans un Mémoire imprimé, avait indiqué les cartouches des inscriptions égyptiennes comme renfermant tous des noms propres. Chacun peut voir aussi, dans le même travail, les arguments dont s'étaie ce savant orientaliste pour établir l'opinion qu'il avait embrassée sur la nature constamment phonétique des hiéroglyphes égyptiens. Young a donc la priorité sur un seul point : c'est à lui que remonte la première tentative qui ait été faite pour décomposer en lettres les groupes des cartouches, pour donner une valeur phonétique aux hiéroglyphes composant, dans la pierre de Rosette, le nom de Ptolémée.

Dans cette recherche, comme on peut s'y attendre, Young fournira de nouvelles preuves de son immense pénétration ; mais égaré par un faux système, ses efforts n'auront pas un plein succès. Ainsi, quelquefois, il attribuera aux caractères hiéroglyphiques une valeur simplement alphabétique ; plus loin, il leur donnera une valeur syllabique ou même dissyllabique, sans s'inquiéter de ce qu'il y aurait d'étrange dans ce mélange de caractères de natures différentes. Le fragment d'alphabet publié par le docteur Young renferme donc du vrai et du faux ; mais le faux y abonde tellement, qu'il sera impossible d'appliquer la valeur des lettres dont il se compose, à toute autre lecture qu'à celle des deux noms propres dont on les a tirées. Le mot *impossible* s'est si rarement rencontré dans la carrière scientifique de Young, qu'il faut se hâter de le justifier. Je dirai donc que depuis la cemposition de son alphabet, Young lui-même croyait voir dans le cartouche d'un monument égyptien, le nom d'*Arsinoé*, là où son célèbre compétiteur a montré depuis, avec une entière évidence, le mot *autocrator* ; qu'il crut reconnaître *Évergète* dans un groupe où il faut lire *César* !

Le travail de Champollion, quant à la découverte de la valeur phonétique des hiéroglyphes, est clair, homogène, et ne semble donner prise à aucune incertitude. Chaque signe équivaut à une simple voyelle ou à une simple consonne. Sa valeur n'est pas arbitraire ; tout hiéroglyphe phonétique est l'image d'un objet physique dont le nom, en langue égyptienne, commence par la voyelle ou par la consonne qu'il s'agit de représenter[2].

L'alphabet de Champollion, une fois modelé sur la pierre de Rosette et sur deux ou trois autres monuments, sert à lire des inscriptions entièrement différentes ; par exemple le nom de *Cléopâtre*, sur l'obélisque de *Philœ*, transporté depuis longtemps en Angleterre, et où le docteur Young, armé de son alphabet, n'avait rien aperçu. Sur les temples de *Karnac*, Champollion lira deux fois le nom d'*Alexandre* ; sur le zodiaque de Denderah, un titre impérial romain ; sur le grand édifice au-dessus duquel le zodiaque était placé, les noms et surnoms des empereurs Auguste, Tibère, Claude, Néron, Domitien, etc. Ainsi, pour le dire en passant, se trouvera tranchée, d'une part, la vive discussion que l'âge de ces monuments avait fait naître ; ainsi, de l'autre, sera constaté sans retour, que, sous la domination romaine, les hiéroglyphes étaient encore en plein usage sur les bords du Nil.

L'alphabet, qui a déjà donné tant de résultats inespérés, appliqué, soit aux grands obélisques de Karnac, soit à d'autres monuments qui sont aussi reconnus pour être du temps des Pharaons, nous présentera les noms de plusieurs rois de cette antique race ; des noms de divinités égyptiennes ; disons plus : des mots *substantifs*, *adjectifs* et *verbes* de la langue copte. Young se trompait donc, quand il regardait les hiéroglyphes phonétiques comme une invention moderne ; quand il avançait qu'ils avaient seulement servi à la transcription des noms propres, et même des noms propres étrangers à l'Egypte. M. de Guignes, et surtout M. Étienne Quatremère, établissaient, au contraire, un fait réel, d'une grande importance, que la lecture des inscriptions des Pharaons est venue fortifier par des preuves irrésistibles, lorsqu'ils signalaient la langue copte actuelle comme celle des anciens sujets de Sésostris.

On connaît maintenant les faits. Je pourrai donc me borner à fortifier de quelques courtes observations la conséquence qui me paraît en résulter inévitablement.

Les discussions de priorité, même sous l'empire des préjugés nationaux, ne deviendraient jamais acerbes, si elles pouvaient se résoudre par des règles fixes ; mais dans certains cas, la première idée est tout ; dans d'autres, les détails offrent les principales dillicultés ; ailleurs, le mérite semble avoir dû consister, moins dans la conception d'une théorie que dans sa démonstration. On devine déjà combien le choix du point de vue doit prêter à l'arbitraire, et combien, cependant, il aura d'influence sur la conclusion définitive. Pour échapper à cet embarras, j'ai cherché un exemple dans lequel les rôles des deux prétendants à l'invention pussent être assimilés à ceux de Champollion et de Young, et qui eût, d'autre part, concilié toutes les opinions. Cet exemple, j'ai cru le trouver *dans les interférences*, même en laissant entièrement de côté, pour la question hiéroglyphique, les citations empruntées au mémoire de M. de Guignes.

Hooke, en effet, avait dit, avant Thomas Young, que les rayons lumineux interfèrent, comme ce dernier avait supposé avant Champollion, que les hiéroglyphes égyptiens sont quelquefois phonétiques. Hooke ne prouvait pas directement son hypothèse ; la preuve des valeurs phonétiques assignées par Young à divers hiéroglyphes, n'aurait pu reposer que sur des lectures qui n'ont pas été faites, qui n'ont pas pu l'être.

Faute de connaître la composition de la lumière blanche, Hooke n'avait pas une idée exacte de la nature des interférences, comme Young, de son côté, se trompait sur une prétendue valeur syllabique ou dissyllabique des hiéroglyphes.

Young, d'un consentement unanime, est considéré comme l'auteur de la théorie des interférences ; dès lors, par une conséquence qui me paraît inévitable, Champollion doit être regardé comme l'auteur de la découverte des hiéroglyphes.

Je regrette de n'avoir pas songé plus tôt à ce rapprochement. Si, de son vivant, Young eût été placé dans l'alternative d'être le créateur de la doctrine des interférences, en laissant les hiéroglyphes à Champollion, ou de garder les hiéroglyphes, en abandonnant à Hooke l'ingénieuse théorie optique, je ne doute pas qu'il ne se fût empressé de reconnaître les titres de notre illustre compatriote. Au surplus, il lui serait resté, ce que personne ne pourra lui contester, le droit de figurer dans l'histoire de la mémorable découverte des hiéroglyphes, comme Kepler, Borelli, Hooke et Wren figurent dans l'histoire de la gravitation universelle.

1. ↥ En reproduisant une partie de ce chapitre sur les hiéroglyphes égyptiens, dans l'Annuaire du Bureau des longitudes pour 1836, M. Arago a ajouté : « La première interprétation exacte qu'on ait donnée des hiéroglyphes égyptiens figurera certainement au premier rang parmi les plus belles découvertes de notre siècle ; d'ailleurs, après les débats animés qu'elle a fait naître, chacun doit désirer savoir si la France peut, *consciencieusemrent*, prétendre à ce nouveau titre de gloire. Ainsi l'importance de la question et l'amour-propre national bien entendu se sont réunis pour m'encourager à publier le résultat de l'examen minutieux auquel je me suis livré. Puissé-je ne m'être pas trop aveuglé sur le danger qu'il y a toujours à aborder des sujets difficiles, dans des matières dont on ne fait pas le sujet spécial de ses études. »

2. ↥ Ceci deviendra clair pour tout le monde, si nous cherchons, en suivant le système égyptien, à composer les hiéroglyphes de la langue française.

L'A pourra être indistinctement représenté par un *Agneau*, par un *Aigle*, par un *Âne*, par une *Anémone*, par un *Artichaut*, etc.

Le B se figurerait par une *Balance*, par une *Baleine*, par un *Bateau*, par un *Blaireau*, etc.

Au C, on substituerait une *Cabane*, un *Cheval*, un *Chat*, un *Cèdre*, etc.

À l'E, un *Éléphant*, un *Épagneul*, un *Éolipyle*, une *Épée*, etc.

*Abbé* s'écrirait donc, à l'aide des hiéroglyphes français, en mettant les unes à la suite des autres, les figures :

D'un Agneau, d'une Balance, d'une Baleine et d'un Éléphant ;

Ou bien, celles d'un Aigle, d'un Bateau, d'une Épée, etc., etc.

Ce genre d'écriture a quelque analogie, comme on le voit, avec les rébus dont les confiseurs enveloppent aujourd'hui leurs bonbons. Voilà où en étaient ces prêtres égyptiens que l'antiquité nous a tant vantés, mais qui, on doit le dire, ne nous ont à peu près rien appris.

M. Champollion appelle *homophones* tous les signes qui, représentant un même son ou une même articulation, pouvaient se substituer indistinctement les uns aux autres. Dans l'état actuel de l'alphabet égyptien, je vois six ou sept signes homophones pour l'A, et plus d'une douzaine pour l'S ou plutôt pour le *sigma* grec.

Les limites qui me sont tracées ne me permettront même pas de citer les simples titres des nombreux écrits que le docteur Young a publiés. Cependant la lecture publique d'un aussi riche catalogue eût certainement suffi à la gloire de notre confrère. Qui ne se fût imaginé, en effet, qu'on avait enregistré les travaux de plusieurs Académies, et non ceux d'une seule personne, en entendant, par exemple, cette série de titres :

Mémoire sur les usines où l'on travaille le fer.

Essais sur la musique et sur la peinture.

Recherches sur les habitudes des araignées et le système de Fabricius.

Sur la stabilité des arches des ponts.

Sur l'atmosphère de la lune.

Description d'une operculaire.

Théorie mathématique des courbes épicycloïdales.

Restitution et traduction de diverses inscriptions grecques.

Sur les moyens de fortifier la charpente des vaisseaux de ligne.

Sur le jeu du cœur et des artères dans le phénomène de la circulation.

Théorie des marées.

Sur les maladies de poitrine.

Sur le frottement dans les axes des machines.

Sur la fièvre jaune.

Sur le calcul des éclipses.

Essais de grammaire, etc., etc.

Des travaux aussi nombreux, aussi variés, semblent avoir exigé la vie laborieuse et retirée d'un de ces savants dont l'espèce, à vrai dire, commence à se perdre, qui dès la première jeunesse divorcent avec tous les contemporains pour s'ensevelir complétement dans leur cabinet. Thomas Young était, au contraire, ce qu'on est convenu d'appeler un homme du monde. Il fréquentait assidûment les plus brillants cercles de Londres. Les grâces de son esprit, l'élégance de ses manières, eussent amplement suffi pour l'y faire remarquer ; mais qu'on se représente ces réunions nombreuses, dans lesquelles cinquante sujets différents sont tour à tour effleurés en quelques minutes, et l'on concevra de quel prix devait être une véritable bibliothèque vivante, où chacun trouvait à l'instant une réponse exacte, précise, substantielle, sur toutes les natures de questions qui pouvaient être proposées.

Young s'était beaucoup occupé des arts. Plusieurs de ses mémoires témoignent des profondes connaissances que, de très-bonne heure, il avait acquises dans la théorie de la musique. Il poussa aussi très-loin le talent d'exécution, et je crois être certain que de tous les instruments connus, en y comprenant même la cornemuse écossaise, on n'en pourrait citer que deux dont il ne sût pas jouer. Son goût pour la peinture se développa pendant le séjour qu'il fit en

Allemagne. Alors, la magnifique collection de Dresde l'absorba entièrement, car il n'aspira pas seulement au facile mérite d'accoler, sans se méprendre, tel ou tel nom de peintre à tel ou tel tableau. Les défauts et les qualités caractéristiques des plus grands maîtres ; leurs fréquents changements de manière ; les objets matériels qu'ils mettaient en œuvre ; les modifications que ces objets, que les couleurs entre autres, éprouvent par la suite des temps, l'occupèrent tour à tour. Young, en un mot, étudiait la peinture en Saxe, comme auparavant il avait étudié les langues dans son propre pays ; comme plus tard il cultiva les sciences. Au reste, tout était à ses yeux un sujet de méditations et de recherches. Les camarades universitaires de l'illustre physicien se rappellent un exemple risible de cette disposition d'esprit : ils rapportent qu'étant entrés dans la chambre de Young le jour où, pour la première fois, il reçut, à Édimbourg, une leçon de menuet, on le trouva occupé à tracer minutieusement, avec la règle et le compas, les routes entrecroisées que parcourent les deux danseurs, et les divers perfectionnements dont ces figures lui paraissaient susceptibles.

Young emprunta de bonne heure à la secte des quakers, dont il faisait alors partie, l'opinion que les facultés intellectuelles des enfants diffèrent originairement entre elles beaucoup moins qu'on ne le suppose. *Chaque homme aurait pu faire ce que tout autre homme a fait*, était devenu sa maxime favorite. Jamais, au surplus, il ne recula personnellement devant les épreuves d'aucun genre, auxquelles on désirait soumettre son système. La première fois qu'il monta à cheval, en compagnie du petit-fils de M. Barclay, l'écuyer qui les suivait franchit une barrière élevée : Young voulut l'imiter, mais il alla tomber à dix pas. Il se releva sans mot dire, fit une seconde tentative, fut encore désarçonné, mais ne dépassa pas cette fois la tête du cheval, à laquelle il resta accroché ; à la troisième épreuve, le jeune écolier, comme le voulait sa thèse de prédilection réussit à exécuter ce qu'on venait de faire devant lui. Cette expérience n'a dû être citée ici que parce qu'elle fut reprise d'abord à Édimbourg, ensuite à Gœttingue, et poussée beaucoup plus loin qu'on ne voudra peut-être le croire. Dans l'une de ces deux villes, Young, en très-peu de temps, parvint à lutter d'adresse avec un funambule renommé ; dans l'autre, et toujours à la suite d'un défi, il acquit dans l'art de la voltige à cheval une habileté extraordinaire, et qui eût été certainement remarquée, même au milieu des artistes consommés dont les tours de force attirent tous les soirs un si nombreux concours au cirque de Franconi. Ainsi, ceux qui se complaisent dans les contrastes pourront, d'un côté, se représenter Newton, le timide Newton, n'allant en voiture, tant la crainte de tomber le préoccupait, que les bras étendus et les mains cramponnées aux deux portières, et, de l'autre, son illustre émule galopant, debout sur deux chevaux, avec toute l'assurance d'un écuyer de profession.

En Angleterre, un médecin, s'il ne veut pas perdre la confiance du public, doit s'abstenir de s'occuper de toute recherche scientifique ou littéraire qui semble étrangère à l'art de guérir. Young sacrifia longtemps à ce préjugé : ses écrits paraissaient sous le voile de l'anonyme. Ce voile, il est vrai, était bien transparent : deux lettres contiguës d'une certaine devise latine servaient successivement, dans un ordre régulier, à la signature de chaque mémoire ; mais Young communiquait les trois mots latins à tous ses amis nationaux ou étrangers sans leur recommander d'en faire mystère à personne. Au reste, qui pouvait ignorer que l'illustre auteur de la théorie des interférences était le secrétaire de la Société royale de Londres pour la correspondance étrangère ; qu'il donnait dans les amphithéâtres de l'*Institution royale* un cours général de physique mathématique ; qu'associé à sir Humphry Davy, il publiait un journal de sciences, etc., etc. ? Et d'ailleurs, il faut le dire, l'anonyme n'était rigoureusement observé que pour les petits mémoires. Dans les occasions importantes, quand, par exemple, parurent en 1807 les deux volumes in-4º, de 800 à 900 pages chacun, où toutes les branches de la philosophie naturelle se trouvent traitées d'une manière si neuve et si profonde, l'amour-propre de l'auteur fit oublier les intérêts du médecin, et le nom de Young, en gros caractères, remplaça les deux petites lettres italiques dont le tour était alors venu, et qui auraient figuré d'une manière assez ridicule sur le titre de cet ouvrage colossal.

Young n'eut donc jamais, comme praticien, ni à Londres, ni à Worthing où il passait la saison des bains de mer, une clientèle très-étendue. Le public le trouvait trop savant ! On doit même avouer que ses cours de médecine, le cours, par exemple, qu'il faisait à l'hôpital de Saint-Georges, furent généralement peu suivis. Quelqu'un a dit, pour l'expliquer, que ses leçons étaient trop pleines, trop substantielles, qu'elles dépassaient la portée des intelligences ordinaires ! Ne pourrait-on pas plutôt attribuer ce défaut de succès à la franchise, peu commune, que Young mettait à signaler les difficultés inextricables qui se rencontrent à chaque pas dans l'étude des nombreux désordres de notre frêle machine ?

Pense-t-on que, à Paris, à une époque surtout où chacun veut arriver au but, vite et sans fatigue, un professeur de faculté conservât beaucoup d'auditeurs, s'il débutait par ces paroles que j'emprunte textuellement au docteur Young :

« Aucune étude n'est aussi compliquée que celle de la médecine. Elle surpasse les bornes de l'intelligence humnine. Les médecins qui se précipitent en avant, sans essayer de comprendre ce qu'ils voient, sont souvent aussi avancés que ceux qui se livrent à des généralisations bâtives appuyées sur des observations à l'égard desquelles toute analogie est en défaut. »

Et si le professeur, continuant sur le même ton, ajoutait : « Dans les *loteries* de la médecine, les chances du possesseur de dix billets doivent être évidemment « supérieures aux chances de celui qui n'en a que cinq. »

Quand ils se croiraient engagés dans une loterie, ceux des auditeurs que la première phrase n'aurait pas mis en fuite, seraient-ils disposés à faire de grands efforts pour se procurer le plus de billets, ou, en expliquant la pensée de notre confrère, le plus de connaissances possible ?

Malgré ses connaissances, peut-être même à cause de leur immensité, Young manquait entièrement d'assurance au lit du malade. Alors, les fâcheux effets qui pouvaient éventuellement résulter de l'action du médicament le mieux indiqué, se présentaient en foule à son esprit, lui semblaient balancer les chances favorables qu'on devait en attendre et le jetaient dans une indécision, sans doute fort naturelle, mais que le public prend toujours du mauvais côté. La même timidité se reconnaît dans tous les ouvrages de Young qui traitent de la médecine. Cet homme, si éminemment remarquable par la hardiesse de ses aperçus scientifiques, ne donne plus alors que de simples catalogues de faits. À peine semble-t-il convaincu de la bonté de sa thèse, soit quand il s'attaque au célèbre docteur Radcliffe dont tout le secret, dans la pratique la plus brillante et la plus heureuse, avait été, comme il le déclarait lui-même, d'employer les remèdes à contresens ; soit lorsqu'il combat le docteur Brown qui s'était trouvé, disait-il, dans la désagréable nécessité de reconnaître, et cela d'après les documents officiels d'un hôpital confié des médecins justement célèbres, qu'en masse, les fièvres abandonnées à leur cours naturel ne sont ni plus graves, ni plus longues que lorsqu'on les traite par les meilleures méthodes.

En 1818, Young ayant été nommé secrétaire du Bureau des longitudes, abandonna presque entièrement la pratique de la médecine pour se livrer à la minutieuse surveillance de l'ouvrage périodique célèbre connu sous le nom de *Nautical Almanac*. À partir de cette époque, le journal de l'Institution royale donna, tous les trimestres, de nombreuses dissertations sur les plus importants problèmes de l'art nautique et de l'astronomie. Un volume intitulé : *Illustrations de la Mécanique céleste de Laplace* ; une savante dissertation *sur les marées*, auraient d'ailleurs amplement attesté que Young ne considérait pas l'emploi qu'il venait d'accepter comme une sinécure. Cet emploi fut cependant pour lui une source inépuisable de dégoûts. Le *Nautical Almanac* avait été, depuis son origine, un ouvrage exclusivement destiné au service de la marine. Quelques personnes demandèrent qu'on en fît, de plus, une éphéméride astronomique complète. Le Bureau des longitudes, à tort ou à raison, n'ayant pas paru grand partisan du changement projeté, se trouva subitement en butte aux plus violentes attaques. Les journaux de toute couleur, whigs ou torys, prirent part au combat. On ne vit plus dans la réunion des Davy, des Wollaston, des Young, des Herschel, des Kater et des Pond, qu'un assemblage d'individus (je cite textuellement) *qui obéissaient à une influence béotienne* ; le *Nautical Almanac*, jadis si renommé, était devenu pour la nation anglaise un *objet de honte* ; si l'on y découvrait une faute d'impression, comme il y en a, comme il y en aura toujours dans les recueils de chiffres un peu volumineux, la marine britannique, depuis la plus petite chaloupe jusqu'au colossal vaisseau à trois ponts, trompée par le chiffre inexact, allait s'engloutir en masse au fond de l'Océan, etc.

On a prétendu que le principal promoteur de ces folles exagérations n'aperçut tant de graves erreurs dans le *Nautical Almanac*, qu'après avoir inutilement tenté de se faire agréger au Bureau des longitudes. J'ignore si le fait est exact. En tout cas je ne saurais me rendre l'écho des malicieux commentaires auxquels il donna naissance ; je ne dois pas oublier, en effet, que depuis plusieurs années, le membre de la Société royale dont on a voulu parler, consacre noblement une partie de sa brillante fortune à l'avancement des sciences. Cet astronome recommandable, comme tous les savants dont les pensées sont concentrées sur un seul objet, a eu le tort, que je ne prétends pas excuser, de mesurer au travers d'un verre grossissant l'importance des projets qu'il avait conçus ; mais ce qu'il faut surtout lui reprocher, c'est de n'avoir pas prévu que les hyperboles de sa polémique seraient prises au sérieux ; c'est d'avoir oublié que, à toutes les époques et dans tous les pays, il existe un grand nombre d'individus qui, inconsolables de leur nullité, saisissent comme une proie toutes les occasions de scandale, et sous le masque du bien public, deviennent avec délices les ignobles zoïles de ceux de leurs contemporains dont la renommée a proclamé le succès. À Rome, celui qu'on chargeait d'insulter au triomphateur était du moins un esclave ; à Londres, c'est d'un membre de la Chambre des communes que des savants illustres recevront un cruel affront. Un orateur, déjà célèbre par ses préjugés, mais qui n'avait jusqu'alors épanché son fiel que sur des productions d'origine française, s'attaquera aux plus beaux noms de l'Angleterre, et débitera contre eux, en plein parlement, de puériles accusations avec une risible gravité. Des ministres dont la faconde se fût exercée des heures entières sur les priviléges d'un *bourg pourri*, ne prononceront pas une seule parole en faveur du génie ; le Bureau des longitudes, enfin, sera supprimé sans opposition. Le lendemain, il est vrai, les besoins d'une innombrable marine feront entendre leur voix impérieuse, et l'un des savants qu'on avait dépouillés, l'ancien secrétaire du Bureau, le docteur Young enfin, se verra rappelé à ses premiers travaux. Impuissante réparation ! Le savant en aura-t-il moins été séparé de ses illustres collègues ? L'homme de cœur aura-t-il moins entendu les nobles fruits de l'intelligence humaine, tarifés devant les représentants du pays, en guinées, schellings et pennys, comme du sucre, du poivre ou de la cannelle ?

La santé de notre confrère, qui déjà était un peu chancelante, déclina, à partir de cette triste époque, avec une effrayante rapidité. Les médecins habiles dont il était assisté perdirent bientôt tout espoir. Young lui-même avait la conscience de sa fin prochaine et la voyait arriver avec un calme admirable. Jusqu'à sa dernière heure, il s'occupa sans relâche d'un dictionnaire égyptien, alors sous presse, et qui n'a été publié qu'après sa mort. Quand ses forces ne lui permirent plus de se soulever et d'employer une plume, il corrigea les épreuves à l'aide d'un crayon. L'un des derniers actes de sa vie fut d'exiger la suppression d'une brochure écrite avec talent, par une main amie, et dirigée contre tous ceux qui avaient contribué à la destruction du Bureau des longitudes.

Young s'éteignit, entouré d'une famille dont il était adoré, le 10 mai 1829, à peine âgé de cinquante-six ans.

L'autopsie fit découvrir qu'il avait l'aorte ossifiée.

Si je ne suis pas resté trop au-dessous de la tâche qui m'était imposée ; si j'ai surtout fait ressortir, comme je le désirais, l'importance et la nouveauté de l'admirable loi des interférences lumineuses, Young est maintenant à vos yeux l'un des savants les plus illustres dont l'Angleterre puisse s'enorgueillir. Votre pensée devançant mes paroles, voit déjà dans le récit des justes honneurs rendus à l'auteur d'une aussi belle découverte, la péroraison de cette notice historique. Ces prévisions, je le dis à regret, ne se réaliseront pas. La mort de Young a eu dans sa patrie très-peu de retentissement. Les portes de Westminster, jadis si accessibles à la médiocrité titrée, sont restées fermées à l'homme de génie qui n'était pas baronnet. C'est au village de Farnborough dans la modeste tombe de la famille de sa femme, que les restes de Thomas Young ont été déposés. L'indifférence de la nation anglaise pour des travaux qui devaient tant ajouter à sa gloire, est une bien rare anomalie dont on doit être curieux de connaître les causes.

Je manquerais de franchise, je serais panégyriste et non historien, si je n'avouais, qu'en général, Young ne ménageait pas assez l'intelligence de ses lecteurs ; que la plupart des écrits dont les sciences lui sont redevables, pèchent par une certaine obscurité. Toutefois, l'oubli dans lequel ils ont été longtemps laissés n'a pu dépendre uniquement de cette cause.

Les sciences exactes ont sur les ouvrages d'art ou d'imagination un avantage qui a été souvent signalé. Les vérités dont elles se composent traversent les siècles, sans avoir rien à souffrir ni des caprices de la mode, ni des dépravations du goût. Mais aussi, dès qu'on s'élève dans certaines régions, sur combien de juges est-il permis de compter ? Lorsque Richelieu déchaîna contre le grand Corneille une tourbe de ces hommes que le mérite d'autrui rend furieux, les Parisiens sifflèrent à outrance les séides du cardinal despote et applaudirent le poëte. Ce dédommagement est refusé au géomètre, à l'astronome, au physicien, qui cultivent les sommités de la science. Leurs appréciateurs compétents, dans toute l'étendue de l'Europe, ne s'élèvent jamais au nombre de huit à dix. Supposez-les injustes, indifférents, voire jaloux, car j'imagine que cela s'est vu, et le public, réduit à croire sur parole, ignorera que d'Alembert ait rattaché le grand phénomène de la précession des équinoxes au principe de la pesanteur universelle ; que Lagrange soit parvenu à assigner la cause physique de la libration de la lune ; que depuis les recherches de Laplace, l'accélération du mouvement de cet astre se trouve liée à un changement particulier dans la forme de l'orbite de la terre, etc., etc. Les journaux de sciences, quand ils sont rédigés par des hommes d'un mérite reconnu, acquièrent ainsi, sur certaines matières, une influence qui souvent devient funeste. C'est ainsi, je pense, qu'on peut qualifier celle que la *Revue d'Édimbourg* a quelquefois exercée.

Au nombre des collaborateurs de ce célèbre journal, figurait à l'origine, en première ligne, un jeune écrivain à qui les découvertes de Newton avaient inspiré une admiration ardente. Ce sentiment, si naturel, si légitime, lui fit malheureusement méconnaître tout ce que la doctrine des interférences renfermait de plausible, d'ingénieux, de fécond. L'auteur de cette théorie n'avait peut-être pas toujours eu le soin de revêtir ses décisions, ses arrêts, ses critiques, des formes polies dont le bon droit n'a jamais à souffrir, et qui, au reste, étaient un devoir impérieux quand il s'agissait de l'immortel auteur de la *Philosophie naturelle*. La peine du talion lui fut appliquée avec usure ; l'*Edinburgh Review* attaqua l'érudit, l'écrivain, le géomètre, l'expérimentateur, avec une véhémence, avec une âpreté d'expressions presque sans exemple dans les débats scientifiques. Le public se tient ordinairement sur ses gardes quand on lui parle un langage aussi passionné ; mais, cette fois, il adopta d'emblée les opinions du journaliste sans qu'on eût le droit de l'accuser de légèreté. Le journaliste, en effet, n'était pas un de ces aristarques imberbes dont aucune étude préalable ne justifie la mission. Plusieurs bons Mémoires, accueillis par la Société royale, déposaient de ses connaissances mathématiques et lui avaient assigné une place distinguée parmi les physiciens à qui l'optique expérimentale était redevable ; le barreau de Londres le proclamait déjà une de ses plus éclatantes lumières ; les whigs de la Chambre des communes voyaient en lui l'orateur incisif qui, dans les luttes parlementaires, serait souvent l'heureux antagoniste de Canning ; c'était enfin le futur président de la Chambre des pairs : c'était le lord-chancelier actuel[1].

Qu'opposer à d'injustes critiques partant de si haut ? Je n'ignore pas combien certains esprits puisent de fermeté dans la conscience de leur bon droit ; dans la certitude que, tôt ou tard, la vérité triomphera ; mais je sais aussi qu'on agit sagement en ne comptant pas trop sur de pareilles exceptions.

Écoutez, par exemple, Galilée lui-même dire, à demi-voix, après son abjuration :


« E pur si muove ! »


Et ne cherchez pas dans ces immortelles paroles une idée d'avenir, car elles sont l'expression du cruel dépit qu'éprouvait l'illustre vieillard. Young aussi, dans l'écrit de quelques pages qu'il publia en réponse à l'*Edinburgh Review*, se montra profondément découragé. La vivacité, la véhémence de ses expressions déguisaient mal le sentiment qui l'oppressait. Au reste, hâtons-nous de le dire, justice, justice complète fut enfin rendue au grand physicien ! Depuis quelques années, le monde entier voyait en lui une des principales illustrations de notre temps. C'est de France (Young prenait plaisir à le proclamer lui-même) que partit le signal de cette tardive réparation. J'ajouterai qu'à l'époque beaucoup plus ancienne où la doctrine des interférences n'avait encore fait de prosélytes ni en Angleterre, ni sur le continent, Young trouvait dans sa propre famille quelqu'un qui le comprenait et dont les suffrages auraient dû le consoler des dédains du public. La personne distinguée que je signale ici à la reconnaissance de tous les physiciens de l'Europe voudra bien m'excuser si je complète mon indiscrétion.

Dans l'année 1816, je fis un voyage en Angleterre avec mon savant ami, M. Gay-Lussac, Fresnel venait alors de débuter dans la carrière des sciences, de la manière la plus brillante, par son Mémoire sur la Diffraction. Ce travail qui, suivant nous, renfermait une expérience capitale, inconciliable avec la théorie newtonienne de la lumière, devint naturellement le premier objet de nos entretiens avec le docteur Young. Nous étions étonnés des nombreuses restrictions qu'il apportait à nos éloges, lorsque enfin il nous déclara que l'expérience dont rous faisions tant de cas était consignée, depuis 1807, dans son traité de Philosophie naturelle. Cette assertion ne nous semblait pas fondée. Elle rendit la discussion longue et minutieuse. Madame Young y assistait sans avoir l'air d'y prendre aucune part ; mais, comme nous savions que la crainte, vraiment puérile, d'être désignées par le ridicule sobriquet de *bas bleus*, rend les dames anglaises fort réservées en présence des étrangers, notre manque de savoir-vivre ne nous frappa qu'au moment où madame Young quitta brusquement la place. Nous commencions à nous confondre en excuses auprès de son mari, lorsque nous la vîmes rentrer, portant sous le bras un énorme in-4°. C'était le premier volume du traité de Philosophie naturelle. Elle le posa sur la table, l'ouvrit, sans mot dire, à la page 787, et nous montra du doigt une figure où la marche curviligne des bandes diffractées, sur laquelle roulait la discussion, se trouve établie théoriquement.

J'espère qu'on me pardonnera ces petits détails. Trop d'exemples n'ont-ils pas déjà habitué le public à considérer l'abandon, l'injustice, la persécution, la misère, comme le salaire naturel de ceux qui consacrent laborieusement leurs veilles au développement de l'esprit humain ! N'oublions donc pas de signaler les exceptions quand il s'en présente. Si nous voulons que la jeunesse se livre avec ardeur aux travaux intellectuels, montrons-lui que la gloire attachée à de grandes découvertes, s'allie quelquefois à un peu de tranquillité et de bonheur. Arrachons même, s'il est possible, de l'histoire des sciences, tant de feuillets qui en ternissent l'éclat. Essayons de nous persuader que, dans les cachots des inquisiteurs, une voix amie faisait entendre à Galilée quelques-unes de ces douces paroles que la postérité réservait à sa mémoire ; que, derrière les épaisses murailles de la Bastille, Fréret apprenait déjà du monde savant quel rang glorieux lui était réservé parmi les érudits dont la France s'honore ; qu'avant d'aller mourir à l'hôpital, Borelli trouva quelquefois dans la ville de Rome un abri contre les intempéries de l'air, un peu de paille pour reposer sa tête ; que Kepler enfin, que le grand Kepler n'éprouva jamais les angoisses de la faim !

1. ↑ Les journaux m'ayant fait l'honneur de s'occuper quelquefois des nombreux témoignages de bienveillance et d'amitié que lord Brougham a bien voulu me donner en 1834, tant en Écosse qu'à Paris, deux mots d'explication paraissent indispensables. L'éloge du docteur Young a été lu dans une séance publique de l'Académie des Sciences, le 26 novembre 1832 ; à cette époque je n'avais jamais eu aucune relation personnelle avec l'auteur de la *Revue d'Édimbourg* ; ainsi toute accusation d'ingratitude porterait à faux. N'auriez-vous pas pu, me dira-t-on peut-être, au moment de livrer votre travail à l'impression, supprimer entièrement tout ce qui avait trait à une si fâcheuse polémique ? Je le pouvais, en effet, et l'idée m'en était même venue ; mais j'y renonçai bientôt. Je connais trop bien les sentiments élevés de mon illustre ami, pour craindre qu'il s'offense de ma franchise, dans une question où, j'en ai la conviction profonde, l'immense étendue de son esprit ne l'a pas mis à l'abri de l'erreur. L'hommage que je rends au noble caractère de lord Brougham, en publiant aujourd'hui ce passage de l'éloge de Young, sans le modifier, est, à mon sens, tellement significatif, que je n'essaierai pas d'y rien ajouter.